1. Lesestufe

Martin Klein

Wilde Piratenabenteuer

Mit Bildern von Alexandra Langenbeck

Ravensburger

Bibliografische Information der Deutschen Nationalbibliothek:

Die Deutsche Nationalbibliothek verzeichnet diese Publikation
in der Deutschen Nationalbibliografie.
Detaillierte bibliografische Daten sind im Internet
über http://dnb.d-nb.de abrufbar.

1 3 5 4 2

Ravensburger Leserabe
©2022 Ravensburger Verlag GmbH
Postfach 2460, 88194 Ravensburg
Umschlagbild: Alexandra Langenbeck
Alexandra Langenbeck wird vertreten von Agentur Brauer.
Fachberatung: Dr. Birgitta Reddig-Korn
Printed in Germany
ISBN 978-3-473-46215-5

ravensburger.com
www.leserabe.de

Inhalt

Kante und Klecks

Käpt'n Kante ist
so stark und breit
wie ein großer Anker.
Klecks ist so klein und bunt
wie ein zarter Falter.

Wenn Piraten sich begegnen,
machen sie Ringkämpfe.
Einer tritt gegen den anderen an.
Auch die Papageien
messen ihre Kräfte.

Kante gewinnt fast immer.
Nur der riesige Käpt'n Klops
ist noch stärker als er.

Klecks verliert jedes Mal,
denn keiner ist kleiner.
Sogar der dürre Spatz Hans
ist stärker als Klecks.

„Zwei Schlappis auf einmal!",
spotten die Sieger.
Sie strecken Kante und Klecks
die Zunge heraus
und segeln davon.

So soll es nicht weitergehen!
Kante und Klecks denken nach.
Dann bestellen sie ein Buch.
Das Postschiff bringt es vorbei.

Klecks und Kante lesen
jede Seite genau.
Sie üben und üben,
bis Klecks Kante umwirft!
Kante merkt sich den Trick.

Jetzt sind die beiden bereit.
Sie segeln Käpt'n Klops
und Spatz Hans entgegen.

„Ahoi, Schlappis!",
ruft Käpt'n Klops.
Kante ergreift ihn.
„Huch!" Klops landet im Meer.

„Der Trick ist klasse!",
jubelt Kante.
„Aye, aye!", ruft Klecks
und flattert zum Spatz.
„Tschilp?!"
Schon fliegt Hans ins Wasser.

Später essen alle zusammen
friedlich Abendbrot.
Aber das Geheimnis des Sieges
verraten Kante und Klecks nicht.
Es lautet: „Judo für kleine Piraten".

Geschafft!
Hier kannst du
den ersten Sticker
einkleben!

Geschichte 1

Milch und Gold

Piraten machen nicht
am Meer Urlaub.
Sie reisen lieber in die Berge.

Dort klettern sie auf einen Gipfel
und schauen ins Tal.
Auf der Bergwiese hüpfen sie
mit den Grashüpfern um die Wette.

Sie besuchen einen Bauernhof
und trinken frische Milch.
Suraja und Calico
freuen sich sehr auf die Ferien.

Das Gold für den Urlaub
liegt in einer Schatzkiste.
Sie ist auf einer Insel
mit Palmen versteckt.

Papa hat das Gold dort vergraben.
Eine Karte gibt es nicht.
Sie könnte in falsche Hände geraten.

„Merkt euch das Wort Milch",
sagt Papa. „Damit finden wir
den Schatz wieder."

Gemeinsam rudern die drei
auf die Insel.
Den Weg zum Versteck
kennt Papa gut.

Aber am Ziel schaut er
sich ratlos um.

Welche Palme ist die richtige?
Liegt das Gold unter dieser Palme?
Oder unter jener?
Oder ist es noch eine andere?

Was das Stichwort Milch bedeutet,
weiß Papa leider nicht mehr.

Die drei Schatzsucher graben drauflos.
Sie graben und graben vergeblich.

„Milch", schnauft Papa.
„Was bedeutet das?!
Ich erinnere mich nicht!"
Er patscht gegen seine Stirn.

Suraja und Calico denken nach.
„Milch kommt von Kühen …",
murmelt Suraja.
„… und von Palmen", sagt Calico.

Die beiden schauen sich an.
Sie rufen: „Kokosmilch!"
„Genau!", ruft Papa. „Das ist es!"

Die Schatzfinder sind
von vielen Dattelpalmen umgeben.
Aber eine Palme trägt Kokosnüsse.
Jetzt ist alles klar,
und der Urlaub ist gerettet.

Geschichte 2

Piraten und Kuchen

Jonas und seine Eltern
sind Bäcker.
Ihre Bäckerei heißt
„Süßes für Freibeuter".

Das Haus steht am Hafen.
Es ist auf allen
Sieben Meeren bekannt.

Die Piraten kommen täglich.
Alle wollen
Kuchen, Kekse und Torten.

Während die wilden Kunden warten,
erzählen sie von Abenteuern.
Jonas hört genau zu.
Er möchte auch Pirat werden.

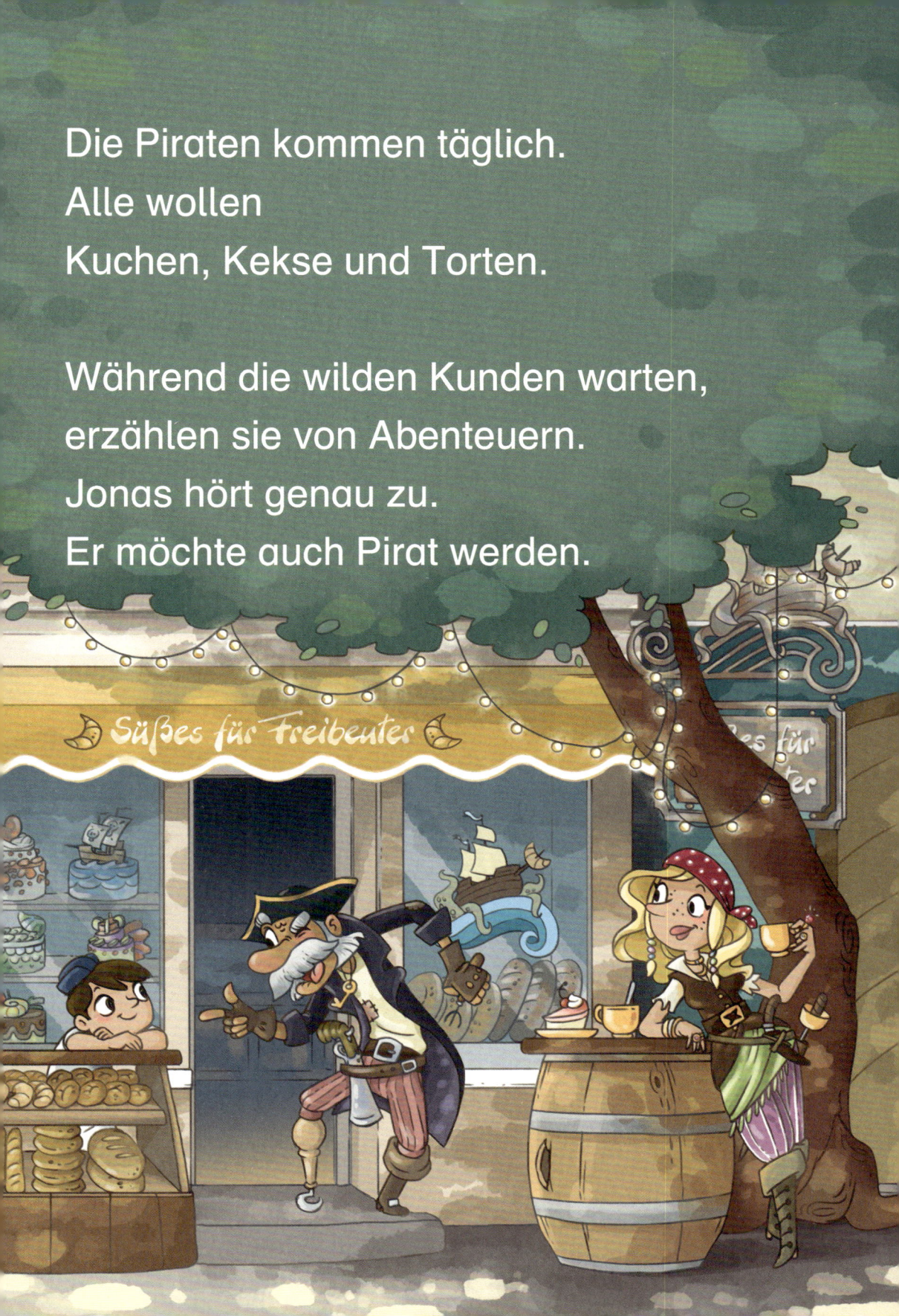

Seine Familie hält
davon nicht viel.
Der Uropa war Bäcker,
und der Opa und die Oma auch.

Jetzt haben Jonas' Eltern
die Bäckerei,
und später bekommt er sie.

Wenn Jonas aus dem Fenster schaut,
sieht er die Schiffe am Kai.
Die Fahnen der Piraten
flattern stolz im Wind.

27

Jonas denkt: Es ist gut,
Kuchen und Kekse zu backen.
Aber noch besser wäre es,
übers Meer zu fahren.

Eines Tages erzählt ein Pirat,
wie er auf hoher See
an Torte gedacht hat:
„Aber an Bord gab's wie immer
nur Zwieback und Stinkfisch.
Ein Schiff ist eben
keine Bäckerei."

Jonas hält inne.

Dann ruft er: „Das ist die Idee!"

Er umarmt den Piraten und

schenkt ihm ein Stück Torte.

Einige Zeit später
sticht Jonas in See.

Oben am Mast
weht eine besondere Fahne:
Ein Totenkopf mit Kuchen.
Jonas' Schiff
trägt den Namen „Kuchen-Korsar".

Nun ist er schon lange an Bord.
Seine Eltern sind stolz auf ihn,
und alle Seefahrer freuen sich
auf hoher See über Kuchen
und frische Brötchen.

Lernen und Rülpsen

Bonny und Zeng besuchen
täglich die „Kluge Elli".
Das ist das Schulschiff
der Piraten.

Die beiden sind
beste Freundinnen.
Sie teilen alles:
die Kajüte, ihr Lakritz
und das Piraten-Wissen.

Herr Luv von Lee
lehrt das Fach Segeln.
„Ahoi, Piraten!", grüßt er.
„Was bedeutet Flaute?"
„Flaute ist, wenn kein Wind weht",
erklärt Bonny.
„Sehr gut", lobt der Lehrer.

Zora Zorros Fach ist Fechten.

„Heyho, Kinder!", ruft sie.

„Mit welchen Waffen fechten wir?"

„Säbel, Degen und Florett",

zählt Zeng auf.

„Richtig", sagt Zora Zorro

und jongliert mit allen dreien.

Jetzt ist große Pause.
Die Kinder spielen Fangen
mit dem Totenkopf-Äffchen
und Verstecken
mit der zahmen Schiffsratte.
Danach kommt das Beste:
Piratensport!

„Auf geht's!", ruft Käpt'n Rolli.
„Klar zum Entern!"
Bonny und Zeng schwingen
an Seilen zum Nachbarschiff.

Zeng hat nicht genug Schwung!
Fällt sie ins Wasser?
Bonny schiebt die Freundin an.
Puh! Gerade noch rechtzeitig.

„Piraten halten zusammen!"
Käpt'n Rolli hebt den Daumen.
„Dafür bekommt ihr Lakritz."
Alle drei schmatzen laut.

Das gehört sich für Piraten so.
„Piratenschule macht Spaß",
schmatzt Zeng. Bonny rülpst.
Das bedeutet: „Oh ja!"

Geschichte 4

Leserabe
Leserätsel

Rätsel 1

Seltsam, seltsam

Welches Wort stimmt? Kreuze an!

Kante und Klecks können
- ○ Judo.
- ○ Karate.
- ○ Kung-Fu.

Suraja und Calico machen Urlaub
- ○ im Freizeitpark.
- ○ in den Bergen.
- ○ am Meer.

Bonny und Zeng lieben
- ○ Lutscher.
- ○ Litschis.
- ○ Lakritz.

Rätsel 2

Buchstaben heraushören

In welchen Wörtern hörst du den Buchstaben A? Kreuze an!

Ordne die Bilder den Sätzen zu!

Rätsel 3

A) Kante und Klecks üben zusammen.

B) Calico gräbt nach dem Schatz.

C) Bonny und Zeng sind Freundinnen.

1　　　　**2**　　　　**3**

Rätsel für die Rabenpost

Fülle die Lücken aus. Trage die Buchstaben in die richtigen Kästchen ein. So findest du das Lösungswort für die Rabenpost heraus!

Klecks ist ein kleiner

	A		7	5	E	

. (Seite 7)

Der Schatz liegt unter den

	O			S	4		S	S		

.
(Seite 23)

Jonas' Familie besitzt eine

	Ä	C	K	2	3	E	

. (Seite 24)

Die „Kluge Elli" ist das

	C	H		6	8			I	F	1

.
(Seite 33)

Lösungswort

1	2	3	4	5	6	7	8

Hast du das Lösungswort herausgefunden?
Dann kannst du jetzt tolle Preise gewinnen.

Gib das Lösungswort auf der  -Website
ein oder schick es mit der
Post an folgende Adresse:

An den Leseraben
Rabenpost
Postfach 2007
88190 Ravensburg
Deutschland

Lösungswort

An
den LESERABEN
RABENPOST
Postfach 2007
88190 Ravensburg
Deutschland

**Bitte frage
deine Eltern!***

Leserabe

Lesen lernen wie im Flug!

In drei Stufen vom Lesestarter zum Leseprofi

Vor-Lesestufe
Ab Vorschule

ISBN 978-3-473-46022-9

ISBN 978-3-473-46023-6

ISBN 978-3-473-46024-3

1. Lesestufe
Ab 1. Klasse

ISBN 978-3-473-46025-0

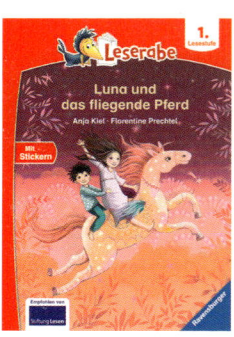

ISBN 978-3-473-46026-7

ISBN 978-3-473-46027-4

2. Lesestufe
Ab 2. Klasse

ISBN 978-3-473-46028-1

ISBN 978-3-473-46029-8

ISBN 978-3-473-46066-3

ERZ 21 002